Eta Mwen An MASSACHUSETTES

Ekri pa Christina Earley
Tradui pa Jean-Pierre Gaston

TAB DE KONTNI

Yon Liv Crabtree Plantules

Crabtree Publishing
crabtreebooks.com

Sipò Lekòl A Kay Pou Moun Kap Bay Swen Ak Pwofesè Yo

Liv sa ede timoun yo grandi lespri yo nan kite yo pratike lekti. Men kèk kesyon kap ede lektè yo bati konpreyansyon konpetans yo. Repons posib yo parèt an wouj.

Anvan Lekti:

- Kisa mwen konnen sou Massachusettes?
  - *Mwen konnen Massachusettes se yon eta.*
  - *Mwen konnen Massachusettes se yon kote istorik.*
- Kisa mwen vle aprann sou Massachusettes?
  - *Mwen vle aprann ki moun ki pi popilè ki te fèt nan Massachusettes.*
  - *Mwen vle aprann ki jan drapo eta sanble.*

Pandan Lekti:

- Kisa mwen te aprann jiskaprezan?
  - *Mwen aprann ke Boston se kapital eta Massachusettes.*
  - *Mwen aprann ke Prezidan John F. Kennedy te fèt nan Massachusettes.*
- Mwen mande poukisa...
  - *Mwen mande poukisa flè eta se mayflower a.*
  - *Mwen mande poukisa pak bezbòl la rele Fenway Park.*

Apré Lekti:

- Kisa mwen te aprann sou Massachusettes?
  - *Mwen te aprann ke Berkshires yo gen anpil kaskad dlo.*
  - *Mwen te aprann ke chen eta se yon Tèrye Boston.*
- Li liv la ankò epi chèche mo glosé yo.
  - *Mwen wè mo **kapital** la nan paj 6, ak **pwodiksyon** mo a nan paj 11. Lòt mo vokabilè glosè yow wap jwenn nan paj 22 ak 23.*

MASSACHUSETTES
Alo! Non mwen se Logan. Byenvini nan Massachusettes!

Mwen rete nan Boston. Genyen anpil ansyen, bilding istorik akote nouvo.

Vil mwen an **envante** Dunkin' Donuts!

Massachusettes se nan nòdès Etazini li ye. **Kapital** la se Boston.

Ti Parol Enteresan yo: Boston se pi gwo vil nan Massachusettes.

Chen eta se yon Tèrye Boston.

Mayflower a se flè eta.

Nou trape anpil **fwidmè** nan Massachusettes. Soup Lanbi a gen bon gou.

Ti Parol Enteresan yo: Massachusettes se youn nan pi gwo eta yo pou **pwodiksyon** fwidmè nan Etazini.

Drapo eta mwen an blan.
Sele leta se nan mitan.

Gen senk ekip espò nasyonal nan Massachusettes.

Mwen ka tounen nan tan nan Old Vilaj Sturbridge la. Mwen pran pòz mwen ap viv nan ane 1830 yo.

Ti Parol Enteresan yo: Old Vilaj Sturbridge la se pi gwo istwa deyò mize nan Nòdès la.

HARTFORD & WORCESTER

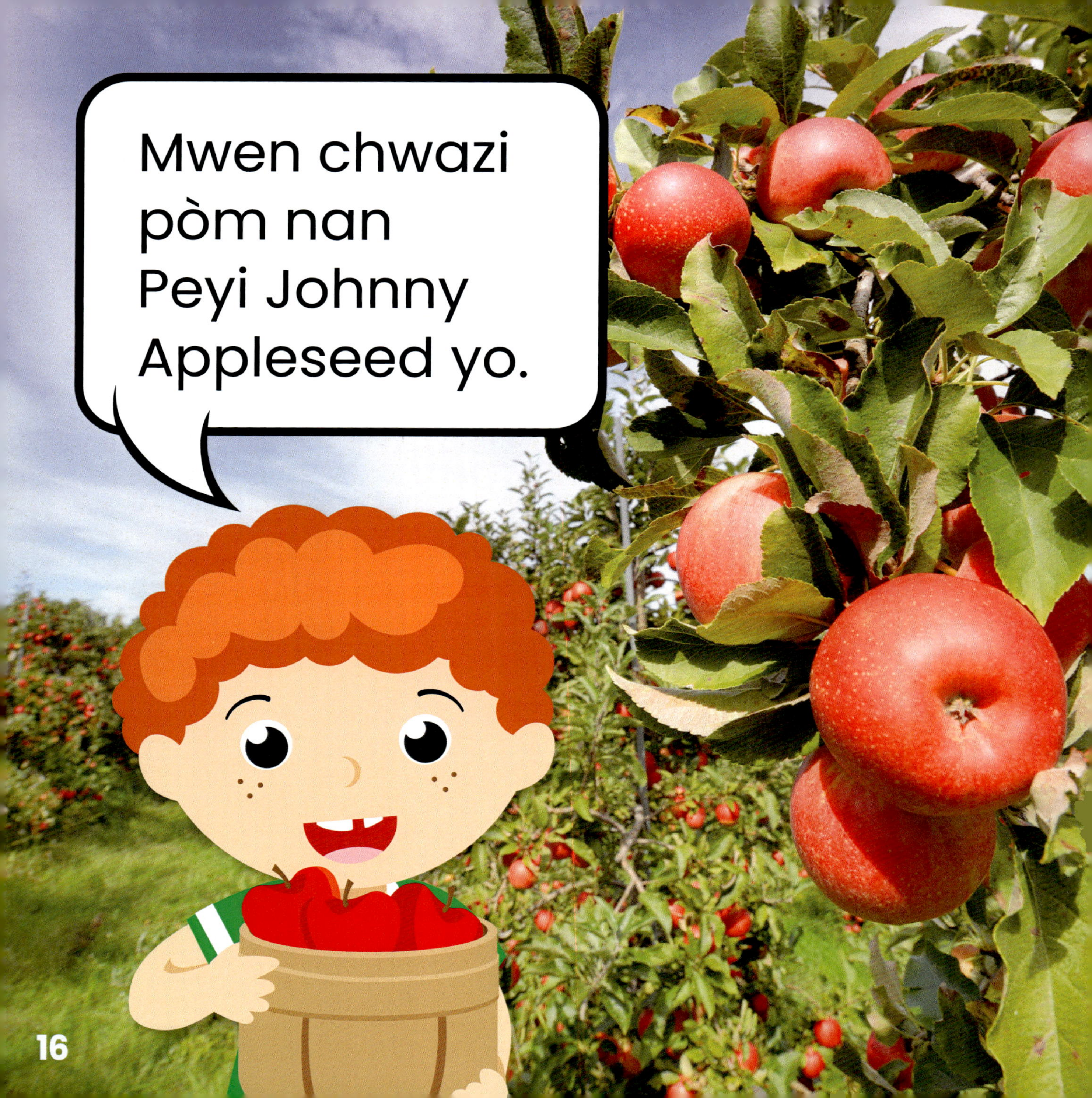
Mwen chwazi pòm nan Peyi Johnny Appleseed yo.

Mwen pran plezi mwen lè map gade yon jwèt bezbòl nan Fenway Park.

Otè Dr Seuss te fèt nan Massachusettes. **Papa fondatè yo** Benjamin Franklin te fèt nan Massachusettes la tou.

Ti Parol Enteresan yo: Prezidan John F. Kennedy te fèt nan Brookline, Massachusettes.

Plaj pi prefere mwen an nan Cape Cod.

Mwen chache kaskad dlo lè Mwen ale randone nan Berkshires yo.

Glosè

envante: Kreye

fwidmè: Pwason ak kristase ki soti nan lanmè yo itilize pou manje

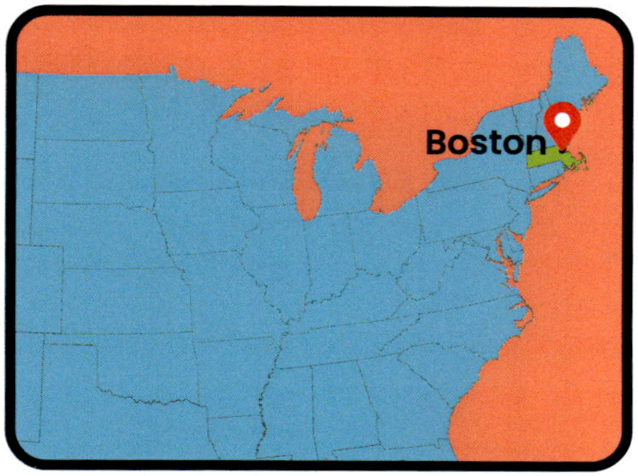

kapital: Vil kote yon gouvènman peyi, Eta, oswa pwovens sitiye

Papa fondatè yo: Youn nan yo kolon Ameriken ki te travay ansanm pou dirije Revolisyon Ameriken ak bati yon nouvo gouvènman

pwodiksyon: Preparasyon ak fè yon bagay pou van

sele: Yon konsepsyon espesyal yo itilize sou enpòtan papye ak lòt bagay

Endèks

Kiyes Otè A Ye

Li renmen vwayaje Etazini pou li aprann sou diferan kote istorik yo. Pase tan plezi li enkli randone, yoga, ak boulanjri.

Ekri pa: Christina Earley
Ilistrasyon ak mizanpaj pa: Bobbie Houser
Devlopman Seri: James Earley
Korektè: Janine Deschenes
Konsiltan Edikasyon: Marie Lemke M.Ed.
Tradui pa: Jean-Pierre Gaston

Photographs:
Alamy: Schoening: p. 14; John Woodworth: p. 14-15; Archive PL: p. 18 left; Pictorial Press Ltd: p. 19
Newscom: Marty Jean-Louis/Sipa USA: p. 13
Shutterstock: Sean Pavone: cover, 4; Allan Wood Photography: p. 3; Nickolastock: p. 5, 22; Volina: p. 6, 22; GagliardiPhotography: p. 7; Eve Photography: p. 8; Tom Meaker: p. 9; Maya K. Photography: p. 10-11, 23; norikko: p. 11, 23; Box Lab: p. 12, 23; Jorge Salcedo: p. 16; Eric Broder Van Dyke: p. 17; Stocksnapper: p. 18 right, 22; Cindy Goff: p. 20; Colin D. Young: p. 21

Crabtree Publishing

crabtreebooks.com 800-387-7650

Printed in the U.S.A./052025/CP20250423

Published in Canada
Crabtree Publishing
616 Welland Avenue
St. Catharines, Ontario
L2M 5V6

Published in the United States
Crabtree Publishing
347 Fifth Avenue
Suite 1402-145
New York, New York, 10016

Library and Archives Canada Cataloguing in Publication
Available at Library and Archives Canada

Library of Congress Cataloging-in-Publication Data
Available at the Library of Congress

Hardcover: 978-1-0398-6489-4
Paperback: 978-1-0398-6558-7
Ebook (pdf): 978-1-0398-6627-0
Epub: 978-1-0398-6696-6
Audio: 978-1-0398-6759-8
Read-Along: 978-1-0398-6822-9